AF371164

NOTICE

SUR l'ART de la TAPISSERIE

dans ses rapports avec la Peinture et sur les moyens d'exécution dont peut disposer

l'ARTISTE TAPISSIER

dans les Manufactures des Gobelins et de Beauvais,

par L. DEYROLLE, Peintre,

Ancien Élève de l'École des Beaux-Arts,
Ancien Peintre des Modèles pour Tapis aux Gobelins,
Ancien Inspecteur des Travaux à BEAUVAIS,
Ancien Professeur de l'École de Tapisserie
aux Gobelins,
actuellement Professeur de Dessin
du Collège et des Écoles communales
De la Ville
de
BEAUVAIS.

Déposé.

Notice

sur l'Art de la Tapisserie,

Dans ses rapports avec la peinture et sur les moyens d'exécution dont peut disposer l'artiste Tapissier dans les manufactures des Gobelins et de Beauvais,

par L. Deyrolle, Peintre,

ancien élève de l'École des Beaux Arts, ancien peintre des modèles pour Tapis aux Gobelins, ancien inspecteur des travaux à Beauvais, ancien professeur de l'École de Tapisserie aux Gobelins, actuellement professeur de dessin du Collège et des Écoles communales de la ville de Beauvais.

Il est peu de personnes qui connaissent les difficultés et les ressources de l'Art de la tapisserie; ainsi que ses rapports avec la peinture et aussi sous certains points, avec la gravure dans sa manière de procéder. Je vais essayer de faire comprendre cet art en substance, sans fatiguer les personnes qui voudront bien jeter les yeux sur cette simple esquisse, que je dégagerai des définitions toutes spéciales et purement techniques.[1] Je tâcherai, bien que peu habitué à écrire, d'initier mes lecteurs autant que possible, à un art si beau, si remarquable, si peu répandu sous son véritable jour, si surprenant et si difficile à exécuter selon les exigences de la peinture, et nullement au dessous de ce dernier art, quant à l'exécution, lorsqu'il est confié

---

[1] Pour plus de détails voir, si les circonstances en favorisent la publication, un ouvrage inédit sur l'art de la tapisserie par M. Deyrolle père, ancien chef d'ateliers aux Gobelins; cet ouvrage est approuvé par M. Chevreul, membre de l'Institut.

à des mains habiles.

Avant d'entrer en matière, je crois devoir faire observer que c'est surtout à l'appui de nombreuses études dans tous les genres de fabrication de la tapisserie, tant en haute lisse, qu'en basse lisse, aussi bien que par la pratique du dessin et de la peinture, que je puis faire envisager l'art de la tapisserie, sous un point de vue tout nouveau, et que je me permettrai quelques innovations dans la manière de procéder.—

D'abord, examinons tout à la fois quels sont les éléments dont dispose l'artiste tapissier, ce qui complète son talent et les difficultés qu'il a à vaincre dans ses moyens d'exécution ; ensuite, nous essaierons de démontrer qu'il est encore des ressources qui lui sont inconnues, et qui mises à jour, et habilement employées, contribueraient, je pense, aux progrès de l'art de la tapisserie.

Sans vouloir m'étendre sur la forme du métier, soit de haute lisse, soit de basse lisse, (qu'une note spéciale ajoutée à cette notice pourra vous faire connaître un peu) je dirai simplement que le métier de haute lisse des Gobelins, se prête très heureusement par sa disposition, au genre historique qui se fait particulièrement dans cet établissement, et que le métier de basse lisse se prête mieux aux ameublements, aux ornements, fruits, fleurs, paysages, etc. ; genres qui se font plus particulièrement à Beauvais ; cependant, j'ajouterai que les qualités spéciales que chacun de ces métiers comporte, n'empêchent en aucune manière, de faire des choses complètes sur l'un ou sur l'autre, dans tous les genres possibles ; car bien que la chaîne reçue par chaque métier soit disposée verticalement— sur le métier de haute lisse, et horizontalement sur le métier de basse lisse ; que sur le premier, le tracé en noir de la reproduction du tableau par le moyen du calque, ait lieu sur la chaîne, et que sur le second, le calque soit placé simplement dessous, les résultats n'en sont pas moins les mêmes dans ces deux dispositions différentes; de plus, dans les deux modes, l'artiste puise les éléments de son art à la même source; chacun d'eux s'identifie d'abord avec le modèle qu'il est appelé à traduire; puis en exécute le calque d'une manière toute spéciale, mais toujours artistique, selon les grandes formes et les grands effets tout en indiquant légèrement les limites des grands tons dont se compose le tableau. C'est dans le magasin composé dans l'ordre chromatique des couleurs[1] que l'artiste tapissier peut trouver, sans fatigues, les gammes, les nuances et les tons primitifs définis par la science, pour composer sa palette; il peut donc tirer du mélange infini des couleurs et particulièrement par le travail une infinité de ressources que lui inspire la reproduction de son modèle.

Le travail de l'artiste tapissier se compose de hachures qui sont formées de fils colorés, (passées ou duites, termes techniques) passant alternativement dans les chaînes que l'on fait croiser à chaque demi passée ou demi duite (un simple brin de laine) ces hachures sont plus ou moins épaisses selon chaque méthode, et plus ou moins étendues à raison des corps que l'artiste modèle; elles sont tantôt simples, tantôt composées, et de plusieurs proportions que l'on emploie de mille manières, selon la nature des objets; ces hachures, liées entre elles, donnent des combinaisons à l'infini, à l'aide desquelles l'artiste peut rendre tous les effets possibles de la peinture, à l'exception cependant de la dernière vigueur et du brillant des tons que donne à cet art l'emploi de l'huile, et en dernier lieu celui du vernis si favorable dans l'extrême finesse des glacis. Quoique privé de ces avantages exclusifs à la peinture, l'artiste tapissier peut néanmoins donner à son travail un degré de perfection presque égal à celui de son modèle car les hachures composées, en tapisserie, permettant la réunion de gammes éloignées,

---

[1] d'après la loi simultanée du contraste des couleurs par M. Chevreul, membre de l'Institut.

sans cesser d'être analogues et harmonieuses, facilitent d'une manière étonnante l'imitation des dessous ainsi que celle des glacis, et donnent la mesure relative des tons du tableau qui sert de modèle. J'ajouterai en dernier lieu qu'il suffit aux personnes qui connaissent peu les principes fondamentaux de la fabrication, de savoir que l'artiste tapissier peut se créer réellement des tons de palette que la teinture ne peut produire, soit par la multiplicité raisonnée des passées ou duites (en se renfermant autant que possible dans les règles de chaque méthode qu'il emploie) soit par le mélange très rare et très exceptionnel de deux brins colorés liés ensemble sur flûte ou sur broche ; enfin, soit plus particulièrement dans le travail, par la combinaison habile et infinie des hachures de toutes sortes. Je ne m'étendrai pas davantage sur les hachures &c.

Il est facile de comprendre que cette immense latitude, dans les moyens d'exécution, met pour un moment l'art de la tapisserie à la hauteur de la peinture dans son exécution simple, puisque l'artiste tapissier compose sa palette et crée des tons selon la manière dont ils ont été composés en peinture ; c'est à dire, en étudiant les dessous chauds et frottés, la puissance de la pâte et du coloris, ainsi que la finesse des glacis dans certains maîtres. On peut donc conclure, en s'y prêtant un peu, que l'art de la tapisserie et celui de la peinture, quoique reposant sur des principes hétérogènes ont cependant un rapport complet entre eux dans leurs résultats, surtout dans les morceaux bien réussis et savamment exécutés.

Il ne faudrait pourtant pas conclure qu'il est toujours nécessaire de tromper l'œil en tapisserie, par la reproduction et l'imitation exacte de la peinture, l'art de la tapisserie est selon nous assez élevé et assez distinct par lui même, pour tenir un rang très distingué parmi les autres arts, il mérite, par sa propre valeur, que la peinture lui consacre quelques recherches dignes de ses ressources, tout en lui laissant une sage latitude qui lui donne la valeur d'un original. Ce que nous avons vu, dans la reproduction d'une foule de beaux modèles spéciaux, que nous a fournis le beau siècle de Louis XIV, tels que les dessins, les cartons, les tableaux de Lebrun, Mignard, Lesueur, Wandermeulen, Desportes &c qui ont donné lieu à un nombre considérable de belles tapisseries originales qui feront toujours époque, nous ne devons pas oublier surtout de mentionner ici la reproduction des beaux cartons de Raphael, exécutés anciennement à la manufacture de Beauvais, et que l'on admire encore aujourd'hui dans la belle cathédrale de cette ville; puis une foule d'autres reproductions qui sont en tous points dignes de l'importance des manufactures dont il est ici question, mais que je n'entreprendrai pas de désigner, attendu que diverses notices sur ces manufactures les ont suffisamment mentionnées.

Il n'est pas indifférent, je crois, de dire en passant un mot sur l'emploi des riches matières qui servent à l'exécution de la tapisserie, car bien que ces matières entrent pour peu de chose dans l'importance artistique des sujets elles n'en complètent pas moins les résultats d'exécution, par leur application toujours raisonnée selon la nature des objets à la reproduction desquels elles coopèrent; par exemple: les tableaux historiques et religieux demandent en général par leur gravité et l'unité des grands tons qui les caractérisent, plus particulièrement l'emploi des laines; la soie n'y entre qu'en très petite quantité, et encore n'est-ce que dans les dernières lumières des corps luisants et métalliques qui se présentent, plus ou moins, dans ce genre de sujets. Dans les tableaux de fleurs et les objets d'ameublements surtout, l'emploi d'une plus grande quantité de soie est nécessaire; car les fleurs étant généralement plus brillantes que les carnations, demandent des lumières plus étendues en soie et des demi-teintes claires de soie et de laine, qu'on mélange, avant et pendant le travail. Les demi teintes brunes et les grandes ombres doivent toujours être en laine. L'ameublement dans ses fonds et son ornementation, souvent d'une richesse décorative toute de convention, emploie avec profusion la soie et quelquefois même l'or et l'argent (du reste, l'emploi des moyens les plus simples est toujours le meilleur, — tant pour la durée que pour la vraie harmonie des couleurs). Il ressort donc de ce que je viens de dire, que l'emploi des matières plus ou moins riches, ne se calcule pas dans le sens de donner une plus ou moins grande valeur aux objets d'art, mais bien dans un but purement artistique, ce qui n'empêche nullement qu'on n'apprécie la richesse des matières lorsqu'elle se trouve réunie à l'art dans un même objet, ce dernier alors, offre un intérêt de plus.

Quels que soient les éléments et les ressources de l'Artiste tapissier, on ne saurait nier que son talent ne peut être réellement complet, qu'autant qu'il joint à son art, celui du dessin et de la peinture[1] car l'artiste tapissier qui n'a que de la routine et une certaine habitude de l'imitation, n'est point en état d'apprécier les maîtres qu'il a sous les yeux, et les copie servilement, mais ne les traduit pas, aussi, ne produit-il jamais, sur le spectateur éclairé, l'impression que procure l'œuvre de celui qui, à la connaissance profonde de toutes les méthodes de fabrication, joint celle du dessin et de la peinture; car comment arriver à produire cette impression ? si ce n'est, 1° en s'inspirant du sujet qu'on a à traiter, 2° en se rendant compte des vraies qualités qui caractérisent le maître qu'on est appelé à traduire, 3° en variant sa traduction selon chacun d'eux à la manière de l'artiste graveur dans

---

[1] Les anciens artistes tapissiers doués du sentiment de leur art, ont produit de très belles choses, mais en regrettant cependant de n'avoir pu approfondir l'étude du dessin et de la peinture.

son interprétation de la peinture, et il n'y a que la connaissance du dessin et de la peinture qui facilitent l'emploi de ces divers moyens d'exécution. L'artiste tapissier qui possède ces deux arts, a donc une supériorité réelle sur celui que les ignore (en établissant d'abord entre-eux une égalité de talent dans la fabrication), ceci me mène à dire que si l'on jugeait à propos d'exiger de l'artiste tapissier des connaissances en peinture; l'art de la tapisserie pourrait assurément s'élever à la hauteur des autres arts; car ce qui limite en quelque sorte son essor, c'est qu'on ne peut composer et exécuter tout à la fois; il est en cela du reste ce qu'est généralement la gravure. Eh bien, s'il est prouvé que le graveur présente une grande dose de talent en réduisant un tableau, en composant, en faisant un dessin d'après nature, qu'il reproduit ensuite; comme il ne fait rien là que l'artiste tapissier peintre, ne puisse faire aussi, puisqu'il est à même de composer des motifs, de les réduire; de les grandir au besoin même en les exécutant en tapisserie. Il s'en suit donc je le répète, que l'art de la tapisserie peut tenir un rang très distingué dans les arts, et on le comprendra mieux encore, lorsque j'aurai exposé toutes les difficultés qu'il présente dans son exécution, en même temps que les moyens ingénieux dont dispose l'artiste tapissier, ce qui me sera assez difficile, en restant fidèle à la promesse que j'ai faite, d'écarter de cette notice toute définition analytique et technique; toutefois, j'essaierai de l'entreprendre; le désir d'être compris par tout le monde et d'éclairer sans ennuyer me donnant quelque droit à l'indulgence de mes lecteurs.

Si j'avais à parler de l'exécution en peinture d'un modèle donné, je dirais simplement qu'il suffit de prendre une toile, y dessiner plus ou moins bien les objets qu'on a sous les yeux, employer des couleurs moelleuses, se liant parfaitement entre elles, au bout du pinceau, les retoucher, les glacer particulièrement, soit à frais, soit à sec, puis les retoucher encore; et l'on verrait alors, que cette exécution, quoique bien difficile, se prête cependant assez volontiers aux besoins ainsi qu'à la vision de l'artiste peintre; tandis qu'en tapisserie, au contraire, l'exécution se prête peu à la volonté de l'artiste tapissier, par la nature sèche et aride des matières dont il se sert; et de plus, ces mêmes matières sont encore soumises à des difficultés toutes méthodiques de fabrication. Je dirai que cela n'empêche cependant pas les résultats d'être aussi flatteurs et aussi artistiques que ceux de la peinture. Au premier coup d'œil, le spectateur s'imagine que tous ces tons et toutes ces nuances sont simplement juxta posés avec assez d'art, sans trop de difficulté; tandis qu'à l'observation, on peu distinguer, malgré la grande harmonie et l'extrême douceur des nuances, un enchaînement savant des tons et des gammes, subordonné habilement aux hachures (lesquelles n'ont cependant pas comme celles du graveur l'avantage de suivre la forme des objets et du modelé des corps, puisqu'elles sont assujetties à l'obligation d'une marche toujours rectiligne), mais elles sont graduées avec tant d'art, qu'elles ne se laissent apercevoir, que dans un but d'utilité, comme par exemple dans les tons frottés, les demi teintes et les dessous du modèle, tandis qu'elles ne font qu'un dans la pâte et la lumière; ce qui procure à la vue, la jouissance des objets distincts, l'impression de la couleur vraie, l'appréciation de la souplesse de la forme et du modèle, comme cela a lieu en peinture.

Parmi les difficultés attachées à l'art de la tapisserie, (disons d'abord qu'en principe, les plus grandes de toutes, sont celles de reproduire des carnations, des draperies et des fonds très étendus) il en est une entre autres que l'on ignore généralement, c'est celle de conduire une belle forme dans le sens vertical; car comme il faut souvent quitter et reprendre un certain nombre de fils de la chaîne, cela produit des échelons que l'on fait disparaître par des tons intermédiaires, qui laissent croire que la forme à été faite d'une manière constante comme avec un crayon ou avec un pinceau; il est bon de dire que le travail de la tapisserie suit toujours une marche horizontale et que les objets se font le plus souvent couchés et presque toujours en plusieurs parties: on en dessine d'abord les formes inférieures avec le fond, tant qu'elles sont ascendantes, mais quand elles cessent de l'être, on suspend le fond, avant d'entreprendre le dessin des formes supérieures, pour le reprendre, non seulement quand on a rempli tout ce qui a été dessiné, mais quand les objets sont entièrement terminés; alors on les réunit au fond, dans le sens vertical, par le moyen d'un fil de soie, de couleur intermédiaire entre le fond et les objets.

Aux difficultés dont nous venons de parler, nous pouvons joindre celles de reproduire une carnation recouverte d'une gaze, ou bien de l'eau recouvrant des poissons aux brillantes couleurs, ou bien encore une foule d'objets transparents quelconques; difficultés qu'on ne peut vaincre qu'en analysant les moyens mêmes de la peinture, encore le peintre a-t-il des ressources dont ne peut disposer l'artiste tapissier, car s'il s'agit, par exemple, d'une carnation recouverte d'une gaze, le premier lui d'abord fait la carnation seulement, puis la gaze, soit à sec, soit à demi sec, soit par glacis ou par frottis plus ou moins empâtés, selon son sentiment, tandis que le second, est forcé de mener ensemble les deux objets, c'est-à-dire, les tons primitifs de la carnation avec ceux de la gaze supposée grise ou d'une autre couleur, puis, il est obligé de combiner des tons et des gammes analogues à chacun de ces objets, et dans son travail, il fait encore une foule de combinaisons de hachures variées, laissant dominer alternativement les gammes de la carnation ou celles de la gaze, selon que la première est plus ou moins découverte, ou que la 2.e la recouvre d'avantage. S'il s'agit de poissons rouges ou de divers corps brillants vus dans l'eau; le travail est encore le même, c'est à dire, que le ton rouge normal des poissons, et le gris verdâtre de l'eau se combinent entre eux et avec les gammes qui leur sont analogues; les mouvements plus ou moins sentis des hachures et celles ci, plus ou moins piquantes, en s'ajoutant au rendu de l'effet, dans les cas extrêmes, ressemblent aux coups de pinceaux donnés en peinture par frottis ou glacis, par dessus les corps. C'est donc par une grande habileté à dissimuler les difficultés, aussi bien que par la grande harmonie des objets et la juste application des moyens que j'ai indiqués, que l'on parvient à produire l'impression la plus agréable possible. Je n'entrerai pas ici dans de plus grands détails, touchant les difficultés de la tapisserie, car il faudrait alors que les personnes qui voudront bien me lire, eussent une connaissance plus approfondie de la contexture variée des hachures, ainsi que des divers moyens d'exécution qui s'y rattachent.[1] Je me bornerai à dire que si l'on veut songer un instant aux grandes difficultés qu'il faut vaincre pour faire une belle chose en tapisserie, on comprendra aisément que je n'exagère pas en parlant autant en faveur de cet art.

S'il faut des études si élevées, si longues et si difficiles pour former un véritable artiste, il faut aussi ne lui confier que des choses dignes de son talent et des matières des grand prix dont il est chargé de faire une heureuse application. Il faut en général à l'artiste tapissier un modèle compris selon les besoins de son art et de ces moyens d'exécution, c'est à dire un modèle large, lumineux, simple

---

[1] pour ces détails il n'y à que le manuel de mon père, qui pourrait les faire connaître, à ce manuel sont jointes des planches faites par moi et qui en facilitent l'intelligence.

d'effet, d'une jolie indication de couleur surtout, pour stimuler son imagination, tout en lui laissant la latitude de développer les trésors particuliers de son art, trésors qui ne peuvent être bien connus et appréciés, s'ils sont trop exclusivement renfermés dans un cercle systématique de peinture.

Il faut surtout se garder selon nous de faire exécuter en tapisserie des choses au dessous de l'importance de cet art, lors même que ces choses présenteraient à des amateurs, savants ou artistes quelque intérêt à la fois purement artistique et archéologique, car du jour où l'art de la tapisserie deviendrait d'une exécution trop élastique en s'appliquant à tout, en le réduisant à ne représenter que des choses n'ayant pour valeur que l'appréciation toute de convention d'un très petit nombre de personnes, il perdrait de son prestige et serait susceptible de décadence. Or, je le répète il faut surtout bien se garder de reproduire, par un art qui est essentiellement rare, difficile, important par lui même et qui doit être constamment maintenu à la hauteur de son origine, des choses étrangères à ses moyens, pour ne lui donner, de préférence, que les chefs d'œuvre de nos grands maîtres, s'appropriant le plus à l'art de la tapisserie. Art qui, sans ce puissant secours tomberait infailliblement sous le coup d'exigeances systématiques dont les peintres secondaires et souvent très exclusifs sont beaucoup trop prodigues, avec l'intention cachée peut-être de renfermer l'art de la tapisserie dans les limites restreintes et gênantes d'un style médiocre qui l'arrêterait dans son essor, — et le confondrait avec les produits du commerce, produits, que les industriels varient selon leurs ressources et selon les exigeances de la mode et du bon marché, parcequ'ils sont obligés de se renfermer dans l'impérieux cercle commerciale qui les commande ?

Il est selon nous de la dernière importance de mettre l'art de la tapisserie, dans son intérêt même, à l'abri de fausses économies, aussi bien que des opinions de parti lesquelles dénatureraient son caractère traditionnel. Il ne faut jamais perdre de vue sa haute institution et se rappeler qu'il a toujours eu de grands protecteurs secondés, à quelques exceptions près, par de bons administrateurs lesquels, depuis déjà longtemps, ont été entourés à leur tour, d'hommes spéciaux, connaissant à fond l'art de la tapisserie dans ses affinités avec la peinture, et les exigeances d'une bonne fabrication[1] n'aimant à reproduire plus particulièrement que les compositions grandioses des maîtres dans tous les genres possibles. On doit peu s'inquiéter du prix que doivent coûter les objets d'art, les artistes dans leur travail ne doivent point toujours être commandés par le temps (aussi, peut-on exiger de leur part en reconnaissance de ce désintéressement toute la conscience et tout le talent possibles) car l'on sait que lorsqu'un artiste peut se livrer tout entier à la perfection de son art, sans en être détourné par aucune pensée étrangère, son talent acquiert un bien plus grand développement. L'Artiste tapissier ainsi favorisé, peut donc répondre à la hauteur de sa mission et améliorer sensiblement un art qui, selon nous, ne doit point avoir de limites non plus que la peinture et les autres arts.

Après avoir rempli les deux premières parties de mon

---

[1] Il est bon de dire à ce sujet, qu'il s'est fait autrefois et qu'il se fait encore aujourd'hui de fort jolies choses sans doute, mais qui ne remplissent cependant pas toujours les

programme ; il ne me reste plus qu'à démontrer plus particulièrement que nous ne l'avons fait, jusqu'à quel point l'artiste tapissier peut se suffire à lui même : ce serait par l'emploi de moyens nouveaux, il est vrai ; mais tous caractéristiques ; sup- posons un moment (cela s'est vu) que l'administration des musées refuse de prêter un tableau de grand maître ou un modèle quel- conque de 1er ordre, pour être exécuté en tapisserie ; Eh bien, dans ce cas, qui peut se présenter souvent, l'artiste tapissier consommé dans son art, peut, jusqu'à un certain point suppléer à cet inconvénient, en faisant comme le graveur, c'est à dire en mettant au carreau, en réduisant ou en calquant le modèle sur place, avec cette seule différence que l'artiste tapissier lui, pourrait faire son calque avec des indications particulières, selon les qualités distinctives ou les modifications de couleur du modèle ? Il pourrait en outre, après avoir sur-place, échantillonné les types de couleurs, et fait sa palette en soie et laine, il pourrait, dis-je, avoir près de lui, comme mémoire ; une bonne esquisse peinte bien juste au ton et en rapport avec ses besoins,[1] puis retourner à son atelier

conditions d'une bonne et indispensable fabrication ; elles perdent alors indubitablement de leur valeur, puisqu'après un court espace de temps, elles se décomposent, et le plus souvent, dans un sens contraire aux formes, aux teintes et au modelé des corps. Il serait nécessaire selon nous, pour obvier à ce grave inconvénient d'avoir, dans les manufactures un inspecteur spéciale de la fabrication, en état de concilier les besoins de l'art, avec les exigences d'une bonne fabrication ; puisque les administrateurs, Directeurs, n'ont jamais eu de connaissances dans cette partie.

[1] Le graveur fait aussi quelque fois une esquisse coloriée pour mieux connaître ses valeurs de tons.

et y commencer l'exécution de son travail, tout en se réservant, comme le graveur, d'aller à diverses reprises après certaines phases, de son travail, s'inspirer de la vue de l'original. Nul doute, selon moi, qu'on ne parvienne par ce moyen, à obtenir une très jolie traduction, aussi bonne au moins, que celle obtenue par le secours d'une copie plus ou moins bien faite en peinture, donnée pour modèle au tapissier. Il va sans dire, que ce nouveau mode de procéder ne pourrait avoir son application, qu'autant que l'artiste, chargé d'une pareille exécution, serait versé dans toutes les connaissances inhérentes à sa partie; de plus, il serait indispensable qu'il puisât ses ressources dans la manière dont son calque serait exécuté, qu'il se guidât sur les échantillons types en laine et en soie qu'il se serait procuré, qu'il s'appuyât sur les bases fondamentales et indéfinies de la table chromatique des couleurs de M. Chevreul, et en dernier lieu enfin, qu'il se servit habilement des immenses ressources du mélange des couleurs.

Terminons en disant, qu'à la rigueur, une simple esquisse peinte et bien sentie, soit à l'huile ou autrement, faite par un artiste distingué et mise entre les mains d'un habile tapissier peintre, pourrait suffire, pour arriver à l'exécution d'un très joli tableau ou d'une jolie tenture en tapisserie, d'un caractère tout à la fois très original et des plus nouveaux. Je ne m'étendrai pas sur les immenses avantages que pourrait retirer l'administration de l'application de ces nouveaux moyens, j'ai voulu simplement démontrer jusqu'à quel point l'art de la tapisserie peut se produire de lui même et se distinguer des autres arts tout en s'y rattachant, j'ai voulu laisser aussi entrevoir un avenir de progrès pour un art si peu répandu, et cependant si digne d'intérêt sous tous les rapports.

Cette simple esquisse suffira donc, je l'espère, sans plus de développement, à faire connaître sous son vrai jour ce qu'est l'art de la tapisserie, et peut-être l'appréciera-t-on davantage, quand l'on saura que les manufactures renferment des artistes réels, dignes d'être remarqués, même en dehors de leur art spécial; je veux dire qu'ils sont encore distingués soit dans la peinture ou dans la gravure. Ils sont redevables en partie de leurs progrès aux encouragements d'une administration bienveillante qui, en instituant l'école de l'antique et du modèle vivant,[1] les a mis à même de se distinguer comme peintre ou graveur; plusieurs même ont obtenu, aux beaux arts, des récompenses, telles que prix de Rome, en gravure, de torse peint et de figures dessinées, plusieurs aussi ont eu l'honneur d'être admis aux expositions du Louvre[2].

Malgré tout ce que j'ai dit, il pourrait encore se trouver quelqu'un qui supposât qu'il n'est pas besoin de tant de connaissance pour être un bon tapissier, qu'il s'en est rencontré qui se sont distingués sans avoir poussé les études du dessin et de la peinture aussi loin que nous le disons plus haut, et même qui n'ont jamais pratiqué, en aucune manière, ces deux arts. Je répondrai que ces mêmes artistes seraient allés beaucoup plus loin assurément, avec des connaissances plus étendues, que d'ailleurs, du moment où la tapisserie est vraiment un art, le tapissier ne saurait trop s'efforcer d'acquérir toutes les connaissances qui s'y rattachent, afin de pouvoir mieux apprécier comme je l'ai dit, toute l'importance des maîtres, et s'élever à la hauteur des chefs d'œuvre qu'il est appelé à reproduire.

---

(1) Celle de M. Lavocat ancien administrateur des Gobelins et député.
(2) J'ai moi même été honoré d'une médaille d'or au salon de 1847.

Je dirai en terminant que c'est mon attachement et mon dévouement pour les manufactures (que je me suis vu forcé à regret de quitter peu après 1848) qui m'ont porté à écrire cette petite notice, ne doutant nullement que sous un gouvernement qui s'applique à encourager le progrès partout où il se trouve, les manufactures, quelque développement qu'elles aient acquis jusqu'à ce jour, peuvent reprendre un nouvel essor et arriver à leur plus haut degré de perfection, je m'estimerai heureux si j'ai pu par quelques idées nouvelles coopérer à leurs progrès. Cet amour pour les manufactures, je l'ai hérité de ma famille, qui de père en fils, a toujours figuré honorablement dans ces établissements.

Note.

Métier de Basse lisse.

Le métier de basse lisse, par sa disposition horizontale qui permet l'emploi de marches ou pédales mises en mouvement par les pieds, laisse aux mains la faculté de prendre une plus grande étendue de chaîne que sur le métier de haute lisse, et facilite ainsi le travail à l'envers[1]. Ce même métier comme nous l'avons dit, se prête heureusement aux genres, tels que fleurs, fruits, ornements, animaux, paysages, &c., en ce sens que la fraîcheur des matières qui sont le plus souvent en soies dans ces divers genres ne peut être altérée, les matières étant préservées par la table à trait, dont la propriété sert à deux fins : 1° de préserver l'endroit de la tapisserie qui

---

[1] L'application toute exceptionnelle du travail à l'endroit sur ce même métier (qui a été faite par M. Desroy, ancien inspecteur à Beauvais), permet de penser que l'emploi de ce mode, dans des ouvrages plus petits et plus minutieux pourrait avoir des résultats heureux.

par ce moyen n'est pas en contacte avec l'air — 2° de supporter le
dessin ou calque lequel sert à reproduire le modèle sans altérer la
trame.

Métier de Haute lisse.

Le métier de haute lisse n'exige que l'emploi des mains, et par sa disposition verticale et l'application du tracé en noir [1] sur la chaine même
il permet à l'artiste tapissier la faculté de voir souvent son ouvrage à
l'endroit, car le tracé tenant lieu du calque même et fait disparaître tout obstacle,
laisse à découvert la tapisserie et facilite journellement l'aperçu de la
majeure partie de l'ensemble du travail. Ce même métier comme nous
l'avons dit aussi, se prête très heureusement au genre historique, aux portraits,
en ce sens, que les grandes parties de carnations ainsi que les portraits, deman-
dant une grande appréciation de la forme et de la justesse d'expression
des personnages, se trouvent souvent et avantageusement comparés aux modèles.

Métier Mixte.

Je ne parlerai d'un métier mixte, qui a fonctionné aux Gobelins, que
pour ajouter qu'il a prêté à l'idée d'un petit métier présentant les avantages
de la haute et de la basse lisse, et dont mon père a heureusement essayé l'emploi.

Il s'en suit, que le métier de haute lisse et celui de basse lisse, ne
sont différents entre eux, que par la forme et si le premier paraît aux
personnes du monde plus favorable que l'autre, sous le rapport de l'agré-
ment de la vue, je dirai qu'ils n'en ont pas moins tous deux pour
l'artiste tapissier consommé, un même but d'utilité pratique.

---

(1) Le tracé en noir sur la chaine même présentant quelque inconvénient dans
les parties très lumineuses, et très délicates, a été remplacé par mon père et par moi, par
l'application du calque à distance de la chaine comme cela a lieu en basse-lisse ?

9 782329 622866